AF369658

Vente du Samedi 18 Avril 1885

TRONE ROYAL LOUIS XIV

ET

OBJETS D'ART

ANCIENS

EXPOSITION

LE VENDREDI 17 AVRIL 1885

PARIS — 1885

V^{re} RENOU et MAULDE

IMPRIMEURS DE LA COMPAGNIE DES COMMISSAIRES-PRISEURS

Rue de Rivoli, 144

VENTE AUX ENCHÈRES PUBLIQUES

D'UN

SUPERBE TRONE LOUIS XIV

En chêne sculpté doré, au chiffre royal et fleurdelisé

PROVENANT DE L'ABBAYE DE C........

8 PEINTURES DÉCORATIVES PAR N. VLEUGHELS

PORCELAINES ANCIENNES DE SÈVRES

BRONZES ANCIENS — TAPISSERIES

Dont une des Gobelins aux armes de France
et de Navarre.

OBJETS D'ART ET DE CURIOSITÉ

Gouaches, Éventails, etc.

DONT LA VENTE AURA LIEU

HOTEL DROUOT, SALLE N° 5
Le Samedi 18 Avril 1885

A DEUX HEURES ET DEMIE

Mᵉ Robert LE SUEUR	**M. E. GANDOUIN**
COMMISSAIRE-PRISEUR	EXPERT
rue Le Peletier, 29	rue Le Peletier, 42

CHEZ LESQUELS SE DISTRIBUE LE CATALOGUE

EXPOSITION PUBLIQUE

Le Vendredi 17 Avril 1885, de une heure à cinq heures.

———

PARIS — 1885

CONDITIONS DE LA VENTE

—

La vente sera faite au comptant.

Les Acquéreurs paieront CINQ POUR CENT en sus des enchères, applicables aux frais de vente.

M. GANDOUIN, Expert, chargé de la Vente, remplira les Commissions des personnes qui ne pourraient y assister.

Il se charge de toutes expertises et rédaction de Catalogues, pour collections particulières et pour celles destinées à être vendues aux enchères, ainsi que d'estimations d'Objets d'art, pour partages de succession et autres cas.

DÉSIGNATION

1 — TRONE ROYAL DE L'ÉPOQUE LOUIS XIV

Ce remarquable Fauteuil est en chêne sculpté; le dossier ayant une bordure chantournée; orné, au sommet, du chiffre royal double LL couronnés; les bras, d'une riche ornementation, sont garnis de manchettes en velours cramoisi; la ceinture du siège est également chantournée et présente alternativement le double chiffre du roi et une fleur de lys; les pieds, à gaîne, sont reliés par des traverses richement ornées et formant X, chargés, au centre, d'une grosse fleur de lys.

Sculpture remarquable et dorure du temps.

Ce Meuble a appartenu au Mobilier national et est inscrit dans le volume n° 8 de l'inventaire général des Meubles de la couronne, dressé au commencement du règne de Louis XV, il y porte le n° 400.

En 1775, ce Meuble figure sur l'inventaire royal avec le mot (Déchargé).

Il fut saisi, à la requête des administrateurs du district de Pont-Audemer, avec le Mobilier des religieux de l'abbaye de Corneville-sur-Risle, et vendu le 14 juin 1791. Le procès-verbal porte que ce Meuble fut adjugé à M. Cahard, aïeul du propriétaire actuel.

Hauteur du sommet du dossier, 1ᵐ48.
Largeur du dossier, 0ᵐ60.
Hauteur du siège au sol, 0ᵐ45.
Largeur entre les bras du siège, 0ᵐ55.

2 — Commode de l'époque Louis XVI, signée Riesener.

Ce beau Meuble en acajou est orné, à sa partie supérieure, d'une ceinture de bronze lozangée ornée de culots d'accanthe, un grand cadre de bronze entoure toute la face, et la partie inférieure est bordée d'une moulure de bronze ; les angles coupés sont chargés de chutes représentant les attributs de la Science ; les pieds ont des chapiteaux et des sabots de bronze.

Marbre blanc.

Haut. 0ᵐ89. Larg. 1ᵐ27.

3 — Vitrine de l'époque Louis XIV en marqueterie de bois ; la partie supérieure a deux tiroirs.

4 — Bureau de l'époque Louis XV en palissandre, forme dite à dos d'âne. Très joli meuble de forme contournée.

5 — Petite Table de l'époque Louis XV en bois rose. Fort jolie forme.

6 — Cabinet à neuf tiroirs en noyer sculpté, avec frise et cariatides. Remarquable travail du xvıᵉ siècle. Les sculptures sont du Berruguète.

7 — Très joli Bureau de l'époque Louis XV, forme dite à dos d'âne. Beau meuble d'une très jolie forme contournée.

8 — Pendule à accrocher, ornée de bronzes dorés, époque Louis XV.

9 — Canapé de l'époque Louis XVI en bois finement sculpté et doré.

10 — Petit Bureau en bois laqué, de l'époque Louis XV.

11 — Paire de Chenets en bronze ciselé et doré, époque
Louis XV.

12 — Deux Lampes en bronze, époque du 1er Empire.

13 — Petit Jeu de jacquet, de l'époque Louis XVI.

14 — Paire de Flambeaux-Girandoles en bronze doré,
époque Louis XVI.

15 — Deux Flambeaux formant Cassolettes en bronze
ciselé et doré, époque Louis XVI.

16 — Pendule en marbre blanc et bronze doré, époque
Louis XVI, représentant l'Histoire inscrivant
les fastes du règne de Henri IV.

17 — **Marbre.** Jeune Femme. Statuette de l'époque
Louis XIV.

18 — **Marbre.** Buste d'empereur romain, époque
Louis XIV.

19 — Grand Tabouret recouvert en soie brochée.

20 — Trois bandes de Tapisseries de Beauvais.

21 — Deux Tapisseries au point, pour sièges Louis XV.

22 — Bas-Relief en bronze doré, époque du 1er Empire.

23 — Petite Pendule époque Louis XVI, en marbre et
bronze doré.

24 — Paire de petits Vases en émail cloisonné.

25 — Deux Cariatides (Femmes) en bois sculpté et doré,
époque Louis XV.

26 — Fût de pendule de l'époque Louis XIV, en bronze
ciselé et doré.

27 — Très joli Meuble de salon, de l'époque Louis XVI,
en bois sculpté, orné de roses, recouvert en
tapisserie d'Aubusson à fleurs. Comprenant :
Un Canapé.
Dix Fauteuils, forme médaillon.

28 — Six Fauteuils époque Louis XVI en bois sculpté,
laqués blanc, recouverts en velours rouge
d'Utrecht.

29 — Quatre Chaises de l'époque Louis XVI, à entrelacs.

30 — Machine pneumatique en bronze ciselé et doré,
montée sur un trépied en bois laqué. Objet très
curieux de l'époque Louis XV.

31 — Chaise à porteurs, de l'époque Louis XVI.

32 — Chaise longue, de l'époque Louis XV en bois
sculpté.

33 — Quatre Chaises de l'époque Louis XV, recouvertes
en soie rouge, bois finement sculpté.

34 — Boîte laquée, de l'époque Louis XV.

35 — Deux Tables à pieds tors, de l'époque Louis XIII.

36 — Cadre de glace, de l'époque Louis XV, en chêne
sculpté. Très riche ornementation.

37 — Deux Sièges en noyer sculpté, style du xvıe siècle,
forme dite caqueteuse.

38 — Trois Fauteuils en bois sculpté, époque du Directoire.

39 — Canapé, de l'époque Louis XV, recouvert en
indienne bleue.

40 — Canapé, de l'époque Louis XVI, en bois sculpté, à
rubans.

41 — Pupitre de l'époque Louis XIII.

42 — Cadre de l'époque Louis XIII, orné d'un fronton
sculpté.

43 — Banquette sculptée, de l'époque Louis XVI.

44 — Petite Vitrine en marqueterie, époque Louis XIV.

45 — Table de nuit, de l'époque Louis XV, peinte en
noir.

46 — Fauteuil de l'époque Louis XIV, recouvert en
tapisserie, bouquets de fleurs.

47 — Baromètre en bois sculpté et doré, époque
Louis XVI.

48 — Mobilier de salon en bois sculpté et peint, époque
du Directoire, recouvert en soie rouge.

       Un Canapé.
       Deux Bergères.
       Deux Fauteuils.

49 — Lit d'enfant, époque Louis XVI.

50 — Deux grands Flambeaux en cuivre.

51 — Deux grands Fauteuils, de l'époque Louis XV,
recouverts en tapisserie de même époque.

52 — Très joli Panneau en bois sculpté, ornements.
Travail de l'époque Louis XVI.

53 — Quatre Plats en faïence ancienne de Delft, décor
polychrome.

54 — Petit Coffret en cuir gravé, époque Louis XIV.

55 — Pendule, forme dite religieuse, ornée de bronzes
dorés et de marqueterie d'écaille et d'étain.
Travail de l'époque Louis XIV.

56 — Mobilier de salon, de l'époque Louis XVI. en bois sculpté orné de rubans et piastres.

>Un Canapé.
>Six Fauteuils.

57 — Canapé de l'époque Louis XV, forme dite baignoire.

58 — Autre canapé, de même époque et forme, bois non peint.

59 — Commode de l'époque Louis XVI en marqueterie de bois rose et de bois debout, bouquets de fleurs, ornée de bronzes du temps.

60 — Autre Commode de l'époque Louis XVI.

61 — Petit Coffret reliquaire en étain, semé de fleurs de lys en relief.

62 — Console de l'époque Louis XV, en bois sculpté, peinte en blanc.

63 — Autre Console de même époque, en bois sculpté, et avec marbre en brèche.

64 — Cadre en bois sculpté, époque Louis XIV.

65 — Coffret en bois laqué, époque Louis XV.

66 — Grille en fer forgé. Travail de la fin du xvᵉ siècle.

67 — Petite Table de l'époque Louis XᵛI.

68 — **Ecole française**. Marbre. Statuette d'enfant.

69 — **Ecole française**. Marbre. Buste de jeune femme.

GOUACHES DE L'ÉCOLE FRANÇAISE

70 — Alliance de Philippe V et de Marie de Bourbon.

71 — Allégorie sur la prise de possession du trône d'Espagne par Philippe V.

72 — Scène de l'Histoire de Cléopâtre.

73 — Scène allégorique sur la puissance de l'Amour.

74 — Scène pastorale dans le goût de Lancret.

75 — Autre Scène faisant pendant à la précédente.

ÉVENTAILS

76 — Éventail en ivoire, peintures au vernis de Martin, représentant une Assemblée galante dans le goût de Watteau, époque Louis XV.

77 — Autre Éventail, de même époque, avec peintures à la gouache représentant un Repas.

78 — Autre Éventail, avec peinture à la gouache représentant le Conte de La Fontaine (le Faucon), époque Louis XV.

79 — Éventail de l'époque Louis XVI, feuille peinte à la gouache (Scène mythologique).

80 — Autre Éventail, de même époque, peinture sur vélin à l'encre de Chine.

81 — Quatre autres Éventails, avec montures en ivoire feuilles brodées au paillon et imprimées, époque Louis XV.

82 — Quatre autres Éventails, avec feuilles découpées en dentelles et ornées de sujets, montures en bois de palissandre, époque de la 1re République.

VLEUGHELS (Nicolas)

École flamande (1664-1734)

SUITE DE HUIT PANNEAUX DÉCORATIFS REPRÉSENTANT
L'HISTOIRE DU ROI DAVID

83 — Samuel sacrant David.

84 — David revenant de combattre Goliath.

85 — Alliance de David et de Jonathas, fils de Saül.

85 — David épouse Michol, fille de Saül.

87 — Sacre de David.

88 — David dansant devant l'arche.

89 — David épouse Bethsabée.

90 — Mort de David.

PORCELAINES ANCIENNES DE SÈVRES

91 — Petite paire de Seaux pâte tendre, décorés, en
camaïeu rose, de paysages.

Marque double L, avant 1753.

92 — Plateau ovale pâte tendre, à marli bleu rehaussé
d'or, décoré, au fond, d'un paysage avec ibis
rose.

Signé en or Sèvres, V. P. (Vandé).

93 — Tasse et Soucoupe pâte tendre, forme dite feuille
de chou, décor semé de bouquets de fleurs au
naturel.

Marque double L. avec astérisque.

94 — Beurrier pâte tendre, décor semé de bouquets au
naturel.

Marque double L. i (1761).

95 — Médaillon rond en biscuit sur fond bleu (Portrait
de Le Peletier de Saint-Fargeau).

96 — Grande Plaque, figures en biscuit sur fond vert
(Personnages de l'Odyssée et de l'Illiade).

Sèvres, époque Louis XVI (1788).

97 — Six Assiettes en porcelaine ancienne de Sèvres
pâte tendre, décor de fleurs.

98 — Sous ce numéro, diverses Tasses et Objets divers
anciens de Sèvres.

PORCELAINES DE SAXE

99 — Grand Groupe représentant Neptume sur son char, traîné par des chevaux marins et entouré de nymphes et tritons, époque Louis XVI.

100 — Autre Groupe représentant quatre singes jouant autour d'un arbuste, même époque.

101 — Seau ou Vase à fleurs, contenant un bouquet de primevères, même époque.

102 — L'Oiseau privé. — Charmante statuette en blanc, même époque.

103 — Chinoise et Chinois sous un berceau d'ornements rocaille, époque Louis XV.

104 — Homard dans un plat chargé de légumes. Pièce curieuse de grandeur naturelle, décorée intérieurement.

OBJETS DE VITRINE

105 — Petite Pendule de forme ovale, style du xvie siècle, mouvement enfermé dans une cage en cristal de roche, monture en argent doré et émaillé.

106 — **Argent.** Deux petits Vases-Aiguières, travail repoussé, gravé et ciselé, de l'époque Louis XV.

107 — **Argent.** Pendant de cou représentant la Foi. Très joli travail ciselé, doré, émaillé, orné de pierres fines, rubis, émeraudes et perles, style du xvi° siècle.

108 — **Argent.** Petite Pendule, à quatre faces, en argent émaillé et décoré, monture en argent ciselé, doré et émaillé, style du xvi° siècle.

109 — **Argent.** Coupe en cristal de roche taillé, monture émaillée, ornée de sujets ; le pied formé par deux personnages assis, ciselés et dorés. Travail dans le style du xvi° siècle.

110 — **Argent.** Fermoir d'escarcelle gravé. Travail de l'époque Louis XIV.

111 — **Argent.** Reliquaire formé de deux plaques en cristal de roche renfermant un groupe émaillé et doré représentant la Fuite en Egypte.

112 — **Argent.** Très beau Coffret à bijoux, monture à jour, ciselé, doré, émaillé, et retenant des plaques de cristal de roche gravé. Travail dans le style du xvi° siècle.

113 — **Or émaillé.** Plaque de corsage ornée de rubis et émeraudes montées en cabochons ; l'agrafe est en argent doré. Travail de l'époque Louis XIV.

114 — **Argent.** Deux Crochets-Porte-Éventails, ornés de plaques émaillées et de cailloux du Rhin.

115 — **Or.** Deux Médaillons de bracelets, ornés d'émaux, sujets de Pastorales, d'après Boucher.

116 — **Or.** Petit Étui ciselé. Travail de l'époque Louis XVI.

117 — **Or**. Croix ancienne. ornée de roses.

118 — **Or**. Autre Croix ornée de grenats.

119 — **Or**. Autre Croix en cristal de roche, formant reliquaire.

120 — **Or**. Bague ornée d'une cornaline gravée.

121 — **Or**. Bague, de l'époque Louis XVI, émaillée bleue, ornée de roses.

122 — **Or**. Bague, en forme de cœur, pavée de turquoises.

123 — **Or**. Bague pavée d'opales.

124 — **Or**. Bague pavée de cailloux du Rhin.

125 — **Or**. Bague émaillée et rubis.

126 — **Or**. Bague, plaque turquoise gravée.

127 — Étui de l'époque Louis XIV, ciselé et doré.

128 — Monture en or émaillé bleu avec émail, (Amour) et perles fines.

129 — Cadre de reliquaire doré et émaillé.

130 — Cadre de reliquaire doré et émaillé.

131 — Petite Miniature avec cadre en argent et strass.

132 — Très belle **Bonbonnière** ronde en pâte rouge, avec cercles repoussés et dorés, ornée de deux miniatures attribuées à Nattier le fils, époque Louis **XVI**.

TAPISSERIES

133 — **Fabrique des Gobelins.** Très remarquable Portière aux armes de France et de Navarre surmontée de la Couronne Royale et placées sous un dais semé de fleurs de lys, doublé d'hermine que deux figures de femme représentant la Foi, la France soutiennent de chaque côté la draperie. Une composition architecturale encadre le tout.

134 — **Tapisserie an point, époque Louis XIV.** Portière. Deux grandes bandes de riche composition avec médaillon à personnages au centre, forment l'encadrement; les bandes intérieures transversales qui sont appliquées sur un fond de velours vert, sont d'une ornementation remarquable.

135 — Tapisserie du xvie siècle, avec personnages en curieux costumes, toutes bordures.

136 — **Fabrique d'Audenarde.** Portière verdure, avec riche bordure d'ornements, ornée de perroquets.

137 — **Tapisserie de Flandre.** Paysage entouré de bordures.

138. — **Fabrique d'Aubusson.** Suite de cinq Tapisseries d'après Leprince, représentant la Balançoire et divers sujets de Pastorale.

139 — **Même fabrique.** Portière verdure avec bordures.

Vᵉ Renou et Maulde, imprimeurs de la Compagnie des Commissaires-Priseurs, rue de Rivoli, 144. 500—57011